MINISTÈRE DE L'INSTRUCTION PUBLIQUE ET DES BEAUX-ARTS

# HISTOIRE ET DESCRIPTION

DU

# PALAIS DE LA BOURSE

## DE PARIS

PAR

## M. L. MICHAUX

MEMBRE DE LA COMMISSION DE L'INVENTAIRE GÉNÉRAL DES RICHESSES D'ART DE LA FRANCE

Prix : 1 franc

## PARIS

LIBRAIRIE PLON

E. PLON, NOURRIT et Cⁱᵉ, IMPRIMEURS-ÉDITEURS

RUE GARANCIÈRE, 10

*Tous droits réservés*

# PALAIS

## DE

# LA BOURSE

# PALAIS

## DE

# LA BOURSE

HISTOIRE. — *Bien que la Bourse de Paris existât en fait depuis longtemps déjà, son établissement légal ne date que de l'année 1724.*

*Elle se tint successivement à l'hôtel de Soissons, rue Vivienne, à l'hôtel de Nevers, aujourd'hui Bibliothèque nationale, dans l'église des Petits-Pères, au Palais-Royal et rue Feydeau.*

*Un décret impérial du 16 mars 1808 fit cession à la ville de Paris d'une partie du terrain occupé jusqu'en 1790 par le couvent des Filles de Saint-Thomas d'Aquin, à la condition qu'elle y ferait construire un palais où seraient installés la Bourse et le Tribunal de Commerce, relégué avant la Révolution près de l'église de Saint-Merri.*

*BRONGNIART fut chargé de fournir le plan du nouvel édifice. Il en commença les travaux, qu'il dirigea jusqu'à sa mort, survenue en 1813.*

*C'est à LALANNE que fut alors confié le soin de continuer l'œuvre entreprise.*

*Le monument ne fut complétement achevé qu'en 1827 ; mais l'inauguration en avait déjà eu lieu dès l'année précédente. Sa construction a occasionné une dépense de 8,149,192 francs, à laquelle ont contribué l'État, la Ville et le commerce de Paris. L'édifice actuel s'élève sur un plan rectangulaire dont les deux plus grands côtés mesurent 69 mètres et les deux plus petits 41. Il occupe une superficie de 3,456 mètres et est entouré d'allées plantées d'arbres, que des grilles séparent de la voie publique.*

*Le premier étage fut, dès l'origine, affecté au Tribunal de Commerce, qui l'occupa jusqu'en 1865, date de son installation dans un édifice spécial, bâti en face du Palais de Justice.*

*Cette affectation primitive explique le choix des sujets adoptés pour la décoration picturale et sculpturale des salles de l'étage supérieur.*

## DESCRIPTION.

### EXTÉRIEUR.

Le palais de la Bourse est construit sur un soubassement de 2$^m$,60 de haut, qui présente sur chacun de ses petits côtés un perron composé de seize degrés.

Ces perrons sont limités à droite et à gauche par des piédestaux sur lesquels sont placées des statues allégoriques assises représentant :

Celle de gauche du perron de la façade principale :

*La Justice.* — Statue. — Pierre. — H. 3$^m$. — Par DURET (FRANCISQUE-JOSEPH). — 1851.

Drapée, la tête ceinte d'un diadème, elle appuie son bras droit sur les tables de la Loi et présente une main de Justice. Dans sa main gauche, qui repose sur ses genoux, elle tient le fléau d'une balance dont les plateaux pendent à son côté.

Celle de droite :

*Le Commerce.* — Statue. — Pierre. — H. 3$^m$. — Par M. DUMONT (AUGUSTIN-ALEXANDRE). — 1851.

Le Commerce est personnifié par une femme. Celle-ci, assise sur un ballot, a la tête couverte d'une couronne de laurier ; drapée à l'antique, elle ramène sa jambe gauche sur sa jambe droite et porte dans sa main un caducée.

A ses pieds est placé un coffret rempli de pièces de monnaie.

Celle de gauche du perron de la façade postérieure :

*L'Industrie.* — Statue. — Pierre. — H. 3ᵐ. — Par PRADIER (JAMES). — 1851.

Assise sur une enclume, elle a la tête couronnée d'un diadème. Drapée, l'épaule droite découverte, elle appuie sa main droite sur des roues à engrenage ; son pied gauche repose sur une sphère. Elle porte sur l'épaule gauche un marteau dont elle tient le manche. A ses côtés se trouvent une ruche et une coupe pleine de colliers de perles et de pierres fines ; derrière elle un coq.

Celle de droite :

*L'Agriculture.* — Statue. — Pierre. — H. 3ᵐ. — Par SEURRE (CHARLES-MARIE-ÉMILE). — 1851.

Assise sur un bloc de pierre, drapée, l'épaule droite découverte, la tête couronnée de feuilles de vigne et de grappes de raisin, elle tient dans le bras droit une gerbe de blé, auquel se mêlent des bluets et des coquelicots. Sa main gauche repose sur ses genoux. A sa gauche est placée une corbeille remplie de fruits ; à ses pieds se trouvent une faucille, des branches d'olivier et un soc de charrue.

Dès 1825, des statues en marbre avaient été commandées pour ces quatre piédestaux. Plusieurs modèles en plâtre ont même été exposés en 1827 ; mais ces commandes paraissent avoir été annulées à la suite de la révolution de 1830.

Les statues devaient alors représenter l'*Abondance*, la *Justice*, la *Prudence* et la *Fortune publique*. Elles avaient été confiées à MM. PETITOT, CORTOT, ROMAN et PRADIER.

Au sommet des deux perrons s'étendent deux péristyles, comprenant chacun deux travées dans le sens de la largeur et treize dans le sens de la longueur.

Ces péristyles sont réunis par deux portiques de circulation composant les façades latérales et présentant chacun vingt travées.

Les travées sont formées par des colonnes d'ordre corinthien qui supportent un entablement complet dont la frise est décorée de rinceaux et la corniche de modillons.

Le monument est terminé par un acrotère.

La façade principale est percée de onze baies plein cintre ; onze de ces baies s'ouvrent sur la salle des pas perdus ; la deuxième à gauche correspond à un escalier droit qui aboutit au premier étage.

La façade postérieure offre la même disposition. Les deux baies extrêmes donnent accès à des vestibules qui précèdent la salle des agents de change.

Les façades latérales comportent deux étages éclairés par des baies plein cintre. Ces deux étages sont séparés par un bandeau décoré de triglyphes dont les métopes sont occupées par de petits médaillons dans lesquels sont sculptés alternativement des culots et des caducées.

## INTÉRIEUR.

De la salle des pas perdus on pénètre dans une grande salle, dite *Salle de la Corbeille,* qui rappelle l'atrium antique.

Celle-ci, de forme rectangulaire, est entourée de portiques plein cintre à deux étages composés de neuf travées dans un sens et cinq dans l'autre. Les pilastres carrés qui supportent le portique inférieur sont décorés de boucliers.

Au-dessus du bandeau qui sépare les deux étages règne une guirlande de fruits et de fleurs.

Le portique du premier étage forme loge au-dessus de la salle de la Corbeille.

Les tympans laissés libres entre les archivoltes de ce portique sont occupés également par des boucliers au centre desquels sont gravés les noms des principales villes de France et de l'étranger. Ces boucliers sont surmontés d'une couronne urbaine.

La frise supérieure est ornée de caducées et de :

*Vingt-huit petits Génies* soutenant des guirlandes de fruits et de fleurs. — Haut relief. — Pierre. — Par PETITOT (LOUIS-MESSIDOR-LEBON). — 1826.

Une corniche à denticules et modillons pourtourne cette salle ; elle est couronnée par un attique muni de petites fenêtres cintrées.

La salle est recouverte d'un plafond lumineux encadré d'une torsade de laurier et reposant sur des voussures circulaires qui raccordent cette partie supérieure à la corniche.

Cette voussure est divisée en compartiments décorés d'entrelacs, de rosaces et de grands panneaux, qui renferment des peintures allégoriques en grisaille représentant :

*La Ville de Paris recevant de la Seine et du Canal de l'Ourcq l'abondance et la prospérité.* — Peinture murale. — Grisaille. — H. 3ᵐ,30. — L. 4ᵐ,50. — Par MEYNIER (CHARLES). — 1826.

Au centre est placée une urne dans laquelle un petit Génie, personnifiant le Canal de l'Ourcq, verse l'eau que contient une seconde urne qu'il soulève dans ses bras. A gauche, la Ville de Paris, drapée dans une tunique qu'une ceinture retient à la taille, la tête ceinte d'une couronne urbaine, le bras gauche tendu, porte un caducée dans la main droite qu'elle appuie sur un écusson aux armes de la Cité. A droite, une femme, personnifiant la Seine, tient un gouvernail dans sa main droite ; à moitié nue, elle a la tête couronnée de joncs. Près d'elle est représenté un jeune homme, l'épaule droite couverte d'un manteau. Au fond, on aperçoit la poupe d'un navire.

*La Ville de Strasbourg.* — Peinture d'angle. — Grisaille. — H. 3$^m$,30. — L. 3$^m$,40. — Par Meynier (Charles). — 1826.

Vue de trois quarts, assise, elle présente des clefs de la main droite et appuie sa main gauche sur un écusson aux armes de la Ville. Drapée, un long voile flottant sur ses épaules, elle porte sur la tête une couronne urbaine. Un casque est renversé à ses pieds.

*La Ville de Lyon.* — Peinture d'angle. — Grisaille. — H. 3$^m$,30. — L. 3$^m$,40. — Par Meynier (Charles). — 1826.

Assise, vue de trois quarts, la tête ceinte d'une couronne urbaine, elle tient des fuseaux dans la main droite. A ses pieds se trouve un écusson aux armes de la Ville.

*L'Amérique.* — Peinture murale. — Grisaille. — H. 3$^m$,30. — H. 3$^m$,50. — Par Meynier (Charles). — 1826.

Au centre de la composition est assise sur une caisse une jeune femme personnifiant l'Amérique. La poitrine découverte, un carquois sur l'épaule, elle porte sur la tête un diadème orné de plumes et tient un arc dans la main gauche. A droite, un jeune homme à moitié nu vient déposer devant elle un panier rempli de fruits. Un enfant nu s'appuyant contre un socle, autour duquel grimpe un lézard, occupe sa gauche.

Au premier plan, une tortue ; au fond, des joncs et des branches de palmier.

*L'Union du Commerce, des Sciences et des Arts faisant naître la prospérité de l'État.* — Peinture murale. — Grisaille. — H. 3$^m$,30. — L. 4$^m$,50. — Par Meynier (Charles). — 1826.

Au centre, Mercure debout, coiffé du pétase ailé, un manteau jeté sur l'épaule gauche, porte un caducée dans l'une de ses mains et tend l'autre vers deux figures de femme personnifiant le Commerce et la Science. Un petit Génie ailé, au-dessus de la tête duquel brille une flamme, est à sa gauche. A droite, la Science, drapée, présente une sphère de la main gauche ; elle a un sceptre dans la main droite. A côté d'elle, la personnification du Commerce, également drapée, la tête couverte d'un voile flottant, tient une corne d'abondance dans la main droite, et dans la gauche une roue qu'elle appuie sur un socle sur lequel sont inscrits en lettres d'or les trois mots : Commerce, Science, Arts.

Une troisième figure de femme représentant les Arts occupe la droite de la composition. Vue de profil, l'épaule droite découverte, elle a dans le bras gauche une lyre dont elle effleure les cordes de la main droite.

Au premier plan sont épars des pinceaux, une palette, des volumes et des manuscrits.

*L'Afrique.* — Peinture murale. — Grisaille. — H. 3$^m$,30. — L. 4$^m$,50. — Par Meynier (Charles). — 1826.

Au centre de la composition, une femme, personnifiant l'Afrique, est assise sur une caisse. La poitrine nue, elle a les oreilles ornées de pendants, les bras de bracelets, et porte au cou un collier de perles. Elle saisit de la main gauche la crinière d'un lion aux pieds duquel se déroule un serpent.

A gauche, au deuxième plan, une jeune femme, dont les épaules sont couvertes d'un manteau flottant, tient dans la main gauche un parasol, et dans la droite la trompe d'un éléphant qui est debout à ses côtés.

Un enfant placé à droite entasse des gerbes de blé.

*La Ville de Bayonne.* — Peinture d'angle. — Grisaille. — H. 3$^m$,30. — L. 3$^m$,40. — Par Meynier (Charles). — 1826.

Vue de face et drapée, elle est assise et porte sur la tête une couronne urbaine. Elle a dans le bras droit une corne d'abondance, dans le bras gauche un gouvernail.

*La Ville de Bordeaux.* — Peinture d'angle. — Grisaille. — H. 3$^m$,30. — L. 3$^m$,40. — Par Abel de Pujol. — 1826.

Assise sur un tonneau couché à terre, elle a la tête ceinte d'une couronne urbaine, et appuie sa main gauche sur une ancre.

*La Ville de Paris présentant les clefs de la Bourse à la Justice et à Mercure.* — Peinture murale. — Grisaille. — H. 3$^m$,30 — L. 4$^m$,50. — Par Abel de Pujol. — 1831.

Au centre est placée la ville de Paris. Assise sur un siége de forme antique, drapée, la tête ceinte d'une couronne urbaine, elle présente de la main droite les clefs du palais de la Bourse à Mercure, et semble inviter de la main gauche la Justice à s'approcher d'elle.

Mercure, coiffé du pétase, un manteau sur l'épaule, prend les clefs de la main droite et porte un caducée de la main gauche.

La Justice, drapée, tient une balance dans la main droite, et dans la gauche la main de justice.

Avant 1830, l'artiste avait été chargé de représenter le roi Charles X remettant à la Ville de Paris les clefs du palais de la Bourse, et y appelant la Justice et le Commerce.

*La Ville de Lille.* — Peinture d'angle. — Grisaille. — H. 3ᵐ,30. — L. 3ᵐ,40. — Par Abel de Pujol. — 1826.

Assise, drapée, le sein droit découvert, elle porte sur la tête une couronne urbaine. Sa main gauche repose sur la garde d'une épée, sa droite sur ses genoux. À ses pieds, des fruits.

*La Ville de Nantes.* — Peinture d'angle. — Grisaille. — H. 3ᵐ,30. — L. 3ᵐ,40. — Par Abel de Pujol. — 1826.

Vue de profil, drapée, elle est assise sur un siége de forme antique et ramène de la main gauche un voile sur sa tête.

*L'Asie.* — Peinture murale. — Grisaille. — H. 3ᵐ,30. — L. 4ᵐ,50. — Par Abel de Pujol. — 1826.

A moitié couchée sur un lit de repos, vue de profil, la poitrine découverte, elle a la tête ceinte d'un turban enrichi de diamants; ses bras sont ornés de bracelets. Elle tient un éventail dans la main gauche, et de la droite cherche à ramener sur ses épaules un long manteau flottant. A ses pieds est placé un vase dans lequel trois petits Génies versent des parfums. Au fond s'élève un palmier.

*La France accueillant les produits des quatre parties du monde.* — Peinture murale. — Grisaille. — H. 3ᵐ,30. — L. 4ᵐ,50. — Par Abel de Pujol. — 1826.

Au centre, la France drapée, debout devant un siége antique, la tête ceinte d'une couronne, invite les quatre parties du monde à s'approcher. A sa droite se tiennent deux femmes personnifiant l'Europe et l'Asie, à sa gauche deux hommes représentant l'Afrique et l'Amérique. L'Europe enlace de son bras droit le cou d'un enfant qui porte un style dans la main droite et une lyre sous le bras gauche. Aux pieds de la France se trouvent des sacs d'où s'échappent des pièces de monnaie.

*L'Europe.* — Peinture murale. — Grisaille. — H. 3ᵐ,30. — L. 4ᵐ,50. — Par Abel de Pujol. — 1826.

Drapée, la tête couronnée de rayons, elle appuie son bras droit sur le dos du siége sur lequel elle est assise, et tient un sceptre; derrière elle s'élève une colonne. A sa gauche sont épars un buste, une palette, des pinceaux, un casque, une lyre et un glaive. A droite, au second plan, deux enfants portent et empilent des livres. Au fond, on aperçoit la proue d'un navire.

*La Ville de Rouen.* — Peinture d'angle. — Grisaille. — H. 3ᵐ,30. — L. 3ᵐ,40. — Par Abel de Pujol. — 1826.

Drapée, vue de profil, elle est assise et tient une rame dans la main droite. Elle appuie la main gauche sur son siége.

*La Ville de Marseille.* — Peinture d'angle. — Grisaille. — H. 3ᵐ,30. — L. 3ᵐ,40. — Par Meynier (Charles). — 1826.

Vue de profil, elle est drapée et assise. La tête ceinte d'une couronne urbaine, la main droite appuyée sur la proue d'un navire, elle tient un aviron dans le bras gauche. A ses pieds est placée une ancre.

Derrière la salle de la corbeille, au rez-de-chaussée, se trouve la salle des agents de change.

De forme rectangulaire, elle est éclairée par cinq baies à arcades pratiquées dans la façade postérieure. Cinq autres baies, correspondant aux précédentes, s'ouvrent sur la salle de la corbeille.

Les parois sont revêtues d'une boiserie de chêne; les espaces laissés vide entre les arcades sont recouverts d'une peinture rouge brique, et décorés d'épis de blé, de caducées, de branches de laurier et des lettres A C, avec la devise :

ET SERVAT ET AUGET.

Le plafond est encadré d'une grecque.

Cette salle a été complétement restaurée en 1873.

L'escalier droit dont nous avons parlé, et qui conduit au premier étage, est décoré d'un bas-relief représentant :

*Thémis et Mercure.* — Bas-relief. — H. 2ᵐ. — L. 2ᵐ,50. — Par Lnitié (Charles-René). — 1826.

Mercure, coiffé du pétase ailé, chaussé des talonnières, un caducée dans la main gauche, enlace de son bras droit la taille de Thémis.

Celle-ci, drapée, un diadème sur la tête,

porte des balances dans la main droite, et dans la gauche la main de la justice.

Ce bas-relief est encadré d'une guirlande de fruits.

Au sommet de l'escalier s'étend un portique à deux rangs, composé de colonnes doriques qui soutiennent un plafond divisé en caissons. Ces caissons sont décorés de rosaces et de gouttes.

Le portique possède onze travées; il aboutit, à son extrémité, à trois salles occupées aujourd'hui par le service télégraphique.

La première de ces salles, de forme carrée, est éclairée par trois baies plein cintre. Elle communique avec la deuxième salle par une baie centrale plein cintre et deux baies latérales rectangulaires. Elle est couronnée par une frise décorée des attributs de la Justice, du Commerce et de l'Industrie.

La seconde salle, de forme rectangulaire, est divisée dans le sens de la longueur en cinq travées séparées par des pilastres d'ordre corinthien. Elle est éclairée par cinq fenêtres.

Les travées de la face opposée servent d'encadrement à des portes rectangulaires surmontées de bas-reliefs représentant :

*L'Amérique.* — Bas-relief. — Pierre. — H. 1ᵐ,20. — L. 2ᵐ. — Par DE BAY (JEAN-BAPTISTE-JOSEPH). — 1826.

A demi nue, elle est assise sur un bœuf couché à terre; un long manteau flotte sur ses épaules; elle porte un carquois garni de flèches, et tient un arc dans la main gauche.

A droite de la composition est posée une corbeille remplie de fruits sur lesquels perche un perroquet.

A gauche se dresse un petit socle sur lequel sont placés des fruits.

*L'Europe.* — Bas-relief. — Pierre. — H. 1ᵐ,20. — L. 2ᵐ. — Par CAILLOUETTE (LOUIS-DENIS). — 1826.

Assise et drapée, une couronne sur la tête, elle tient un sceptre dans la main droite, et dans la gauche une corne d'abondance d'où s'échappent des fruits divers. Un long voile flotte sur son cou.

Derrière elle est couché un cheval dont on n'aperçoit que la tête.

A sa droite se dresse un socle sur lequel est posée une mappemonde.

Aux pieds de la figure, des étendards, des livres, une palette, des pinceaux, une lyre.

*La Justice.* — Bas-relief. — Pierre. — H. 1ᵐ,20. — L. 2ᵐ. — Par CAILLOUETTE (LOUIS-DENIS). — 1826.

Assise sur un siège de forme antique, dra-

pée, le front ceint d'une couronne de laurier, elle présente un glaive de la main droite et les tables de la loi de la main gauche.

A ses côtés se tiennent deux petits Génies ailés, dont l'un porte la main de justice et l'autre les balances.

*L'Asie.* — Bas-relief. — Pierre. — H.1ᵐ,20. — L. 2ᵐ. — Par CAILLOUETTE (LOUIS-DENIS). — 1828.

Assise sur un léopard, drapée, les seins à demi nus, elle porte une branche de palmier dans la main droite, et de la gauche cherche à retenir le voile dont sa tête est couverte.

A sa droite est posé un coffret rempli de perles.

*L'Afrique.* — Bas-relief. — Pierre. — Par DE BAY (JEAN-BAPTISTE-JOSEPH). — 1826.

Assise sur un lion, à demi nue, la jambe gauche repliée sur la droite, elle tient une corne d'abondance dans une de ses mains, et dans l'autre une dent d'éléphant.

A sa droite se trouve un fragment de pyramide contre lequel monte un serpent; à sa gauche un ibis; au fond un palmier.

Cette salle est couronnée par un entablement dont la corniche est décorée de denticules et la frise de rinceaux.

Elle est recouverte par une voûte divisée en caissons par des torsades de feuilles de chêne.

Ces caissons, au nombre de dix-neuf, renferment des peintures représentant :

*La Justice protégeant le Commerce.* — Peinture murale. — H. 2ᵐ,50. — L. 2ᵐ,80. — Par BLONDEL (MERRY-JOSEPH). — 1826.

La Justice, vêtue d'une tunique blanche et d'un manteau rouge, a la tête couronnée de fleurs. Elle tient dans la main gauche les tables de la loi, les balances et la main de justice. Le bras droit étendu, elle prend sous sa protection le Commerce personnifié par Mercure. Celui-ci, coiffé du pétase, un manteau flottant dans le dos, appuie sa main gauche sur l'épaule de la Justice; il porte dans la main droite un caducée et une bourse.

*L'Abondance récompensant l'Industrie.* — Peinture murale. — H. 2ᵐ,50. — L. 2ᵐ,80. — Par VINCHON (AUGUSTE-JEAN-BAPTISTE). — 1826.

L'Abondance, tunique blanche, manteau rouge, le front couronné d'épis de blé, porte dans la main droite une couronne de laurier qu'elle tient au-dessus de la tête de l'Industrie.

Celle-ci, vêtue d'une tunique jaune et d'un manteau bleu flottant, présente un fuseau de la main droite. De sa main gauche elle ramène les plis de son manteau, dans lequel l'Abondance verse des pièces de monnaie contenues dans une corne d'abondance qu'elle soulève de sa main gauche.

*La Vérité dévoilant la Fraude.*—Peinture murale. — H. 2ᵐ,50. — L. 2ᵐ,80. — Par VINCHON (AUGUSTE-JEAN-BAPTISTE). — 1826.

La Vérité est nue. Vue de face, elle tient un miroir dans la main gauche, et de la droite découvre le Mensonge représenté à ses pieds par une figure d'homme drapée dans un large manteau rouge et bleu. Cette dernière dissimule son visage derrière un masque. Autour d'elle s'enroule un serpent.

*La Figure de la Ville de Paris.* — Peinture murale. — Grisaille.—H. 2ᵐ,50. — L. 2ᵐ. — Par VINCHON (AUGUSTE-JEAN-BAPTISTE). — 1826.

Assise sur un siége de forme antique, drapée, la tête ceinte d'une couronne urbaine, elle a dans la main gauche un caducée, et dans la droite un aviron sur lequel sont représentées les armes de la Cité. De chaque côté est placée une urne renversée personnifiant, l'une la Seine, l'autre la Marne. A ses pieds, des couronnes, des branches de laurier, un chapiteau, une tête sculptée, une lyre, une palette, des pinceaux.

*La Prudence.* — Peinture d'angle. — Grisaille.—H. 2ᵐ,50. — L. 2ᵐ.—Par BLONDEL (MERRY-JOSEPH). — 1826.

Assise sur un siége de forme antique, drapée, elle a dans la main gauche un miroir autour duquel s'enroule un serpent, et dans la droite un sablier placé sur ses genoux. Sur le dos du siége est perché un hibou. A ses pieds, des livres et les tables de la loi.

*L'Étude.*—Peinture d'angle.—Grisaille. — H. 2ᵐ,50. — L. 2ᵐ. —Par BLONDEL (MERRY-JOSEPH). — 1826.

L'Étude est personnifiée par un jeune homme.

Assis, à moitié nu, dans l'attitude de la méditation, il a la jambe droite allongée, la gauche repliée, le pied sur une pile de livres. Le coude gauche placé sur son genou, il appuie son front dans sa main. Il tient un style dans la main droite. Derrière lui se trouve une lampe de forme antique. A ses pieds, des manuscrits et un coq.

*L'Industrie métallurgique.* — Peinture ronde. — Grisaille. — Diam. 2ᵐ. — Par BLONDEL (MERRY-JOSEPH).—1826.

Une femme assise, drapée, la tête couronnée de laurier, tient de la main gauche une ancre posée entre ses genoux. Elle appuie la main droite sur l'épaule d'un enfant qui tire la chaîne d'un soufflet de forge.

A sa gauche, un second enfant, les épaules couvertes d'un manteau flottant, soulève de la main droite un marteau dont il frappe un hoyau qu'il maintient de la main gauche avec des tenailles sur une enclume placée devant lui.

*L'Agriculture.* — Peinture ronde. — Grisaille. — Diam. 2ᵐ. — Par VINCHON (AUGUSTE-JEAN-BAPTISTE). — 1826.

Assise, les épaules découvertes, la tête couronnée d'épis de blé, l'Agriculture appuie sa main gauche sur une corne d'abondance; elle enlace de son bras droit un petit enfant qui présente une pomme de la main droite, et de la gauche une cerise qu'il tient à hauteur de sa bouche. A gauche, sur un pressoir, est assis un second enfant qui soulève de ses mains une grappe de raisin au-dessus de sa tête. Au fond, on aperçoit des têtes de bœufs.

La composition est entourée des signes du zodiaque.

*La Mécanique.*—Peinture ronde. —Grisaille. — Diam. 2ᵐ. — Par BLONDEL (MERRY-JOSEPH). —1826.

Assise, drapée, le coude droit placé sur une roue à engrenages qu'elle soutient de la main gauche, elle appuie sa tête sur sa main droite, dans laquelle elle tient un compas et semble chercher la solution d'un problème. A sa droite se trouve un enfant; le pied gauche sur une poulie, il en porte une seconde sur son dos. A sa gauche, un autre enfant, les épaules couvertes d'un manteau flottant, manœuvre un cric.

*Le Travail.* — Peinture d'angle. — Grisaille. — H. 2ᵐ,50. — L. 2ᵐ. — Par VINCHON (AUGUSTE-JEAN-BAPTISTE). — 1826.

Un homme assis, à moitié nu, soulève de la main droite un lourd marteau dont il s'apprête à frapper une bêche qu'il maintient de la main gauche avec des tenailles sur une enclume. Du pied droit il met en mouvement la pédale d'un soufflet de forge. A sa droite est placée une roue à engrenages; derrière lui brûle une lampe de forme antique.

*La Vigilance.* — Peinture d'angle. — Grisaille. — H. 2ᵐ,50. — L. 2ᵐ. — Par VINCHON (AUGUSTE-JEAN-BAPTISTE). — 1826.

Assise, drapée, le bras gauche replié, elle élève l'index, attentive à un bruit qu'elle semble percevoir au loin. De la main gauche elle pose une veilleuse sur un socle, au pied duquel se tiennent un coq et un serpent.

*Figure allégorique de la Seine.* — Peinture murale. — Grisaille. — H. 2ᵐ,50. — L. 2ᵐ. — Par BLONDEL (MERRY-JOSEPH). — 1826.

La Seine est personnifiée par une femme. Celle-ci, nue, est assise sur une urne d'où l'eau s'échappe. Elle tient un gouvernail dans la main gauche, et de la droite caresse un cygne. Au fond, on aperçoit une proue de navire et un caducée.

*L'Économie.* — Peinture d'angle. — Grisaille. — H. 2ᵐ,50. — L. 2ᵐ. — Par DEGEORGE (CHRISTOPHE-THOMAS). — 1826.

Assise, drapée, elle porte une corne d'abondance. Derrière elle, sur un piédestal, un hibou.

*L'Ordre.* — Peinture d'angle. — Grisaille. — H. 2ᵐ,50. — L. 2ᵐ. — Par DEGEORGE (CHRISTOPHE-THOMAS). — 1826.

Un jeune homme assis, vu de profil, la poitrine nue, tient dans la main droite un livre qu'il se dispose à remettre en place sur des rayons placés derrière lui. Il appuie la main gauche sur une pile de livres. A ses pieds sont divers manuscrits.

*La Verrerie.* — Peinture ronde. — Grisaille. — Diam. 2ᵐ. — Par BLONDEL (MERRY-JOSEPH). 1826.

Une jeune femme, assise, soulève dans ses mains un globe de verre qu'un enfant cherche à atteindre. Un second enfant alimente le feu sur lequel est placé un creuset.

*La Monnaie.* — Peinture ronde. — Grisaille. — Diam. 2ᵐ. — Par VINCHON (AUGUSTE-JEAN-BAPTISTE). — 1826.

La Monnaie est personnifiée par une femme. Celle-ci, assise, tient un caducée dans la main droite, et de la gauche secoue les plis de son manteau d'où tombent des pièces de monnaie. A sa gauche, un enfant s'occupe du tirage; à sa droite, un autre enfant lit dans un livre ouvert sur ses genoux.

*Les Tissus.* — Peinture ronde. — Grisaille. — Diam. 2ᵐ. — Par VINCHON (AUGUSTE-JEAN-BAPTISTE). — 1826.

Une femme, vue de profil, assise, présente une quenouille de la main droite et un fuseau de la gauche. A sa droite, un enfant retient un mouton dont il s'apprête à faire tomber la laine à l'aide de ciseaux qu'il porte dans la main droite. A sa gauche, un second enfant est assis près de divers ballots.

*Le Calcul.* — Peinture d'angle. — Grisaille. — H. 2ᵐ,50. — L. 2ᵐ. — Par DEGEORGE (CHRISTOPHE-THOMAS). — 1826.

Un jeune homme, assis, la poitrine découverte, dans l'attitude de la méditation, appuie sa tête dans sa main gauche, dans laquelle il tient un compas. A ses pieds sont des livres. Derrière lui se dresse une lampe de forme antique.

*La Fidélité.* — Peinture d'angle. — Grisaille. — H. 2ᵐ,50. — L. 2ᵐ. — Par DEGEORGE (CHRISTOPHE-THOMAS). — 1826.

Une femme assise, drapée, les épaules nues, caresse de la main droite un chien couché à ses pieds. Elle tient une clef dans la main gauche.

La troisième salle, qui sert de magasin, ne mérite aucune description.

L. MICHAUX,

MEMBRE DE LA COMMISSION.

*Paris, 15 juillet* 1880.

# TABLE

## DES NOMS MENTIONNÉS DANS LA MONOGRAPHIE

Nota. — L'abréviation *arch.* signifie architecte; *éb.*, ébéniste; *gr.*, graveur; *p.*, peintre; *sc.*, sculpteur·